꿈꾸는 말
이루는 말
빛나는 말

자신의 꿈을 찾고 싶은
어린이를 위한 말 연습

꿈꾸는 말
이루는 말
빛나는 말

김현태 글
소소하이 그림

머리말

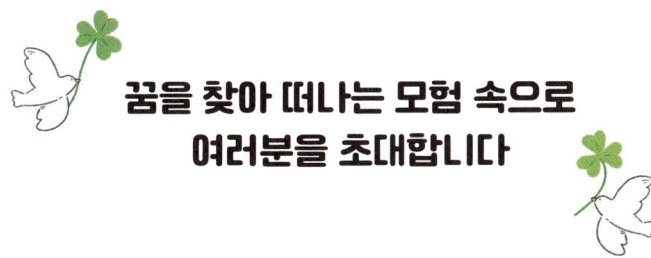

꿈을 찾아 떠나는 모험 속으로
여러분을 초대합니다

만약 당신이 꿈꿀 수 있다면 그것은 이루어진다.
언제나 기억하라.
이 모든 것들은 하나의 꿈과
한 마리의 쥐로 시작되었다는 것을.

이 명언을 남긴 사람은 누구일까요? 바로 귀여운 생쥐 캐릭터 '미키마우스'를 만든 월트 디즈니입니다. 월트 디즈니도 처음부터 유명한 사람은 아니었어요. 보잘것없는 만화가였지만 그래도 마음속엔 세계 최고가 되겠다는 꿈이 있었지요. 그렇기 때문에 수없이 반복되는 실패에도 좌절하지 않고 마침내 성공이라는 선물을 맞이할 수 있었던 거예요. 월트 디즈니뿐만 아니라 애플의 창업자인 스티브 잡스나 축구선수 손흥민, 가수 방탄소년단[BTS]도 마찬가지예요. 모두 다 마음속에 원대한 꿈이 있었기 때문에 지금의 위치에 오를 수 있었던 거죠.

여러분도 꿈이 있나요? 이루고 싶은 게 있나요?

꿈은 힘이 강해요. 우리의 마음을 움직이고 희망을 안겨 줘요. 또한 일상에 목표와 의미를 부여하고 내 삶을 더 나은 미래로 이끌어 주죠.

꿈을 계획하세요!

꿈을 실천하세요!

꿈을 성취하세요!

꿈은 힘과 용기를 줄 겁니다. 어려운 시기나 난관에 직면했을 때, 꿈은 우리를 극복의 길로 이끌어 줄 겁니다. 또한 꿈은 창의성과 상상력을 자극할 겁니다. 세상 모든 것에 호기심이 생기게 하고 새로운 아이디어를 탐구하여 또 다른 가능성을 발견하게 해 줄 겁니다. 그리고 꿈은 내 삶을 주도적으로 움직이게 만들 겁니다.

물론 아직 꿈을 찾지 못한 사람도 있을 거예요. 바쁜 일상을 보내느라 꿈이나 목표를 정하지 못할 수도 있죠. 그렇다고 너무 조급하게 생각하지 마세요. 꿈을 발견하는 것은 자연스러운 과정이니까요.

부디 이 책을 통해 여러분이 자신의 꿈을 발견하고 그것을 이뤄 나가는 데 도움이 되길 바랍니다.

자, 그럼 이제 꿈을 이루는 마법 학교로 함께 떠나 볼까요?

김현태

차례

| 머리말 |
꿈을 찾아 떠나는 모험 속으로 여러분을 초대합니다 5

1장 모든 사람에게는 꿈이 있대

나는 나다울 때 가장 빛이 나 12
나에게는 우주만큼의 가능성이 있어 16
넘어져도 툭툭 털고 일어날 수 있어 20
반짝이는 생각을 연필로 적어 봐 24
속도보다 방향이 훨씬 중요해 28

2장 꿈의 씨앗에 싹을 틔워 봐

꿈을 이룬 사람은 벽을 뛰어넘어 34
작고 사소한 일도 개미처럼 꾸준히 하자 38
시간은 우리 모두에게 주어진 선물이라는 걸 기억해 42
영차영차 땀 흘려야만 얻을 수 있는 게 있어 46
마음이 부자인 사람이 진짜 부자래 50

3장 꿈을 이루려면 단단한 마음이 필요해

괜찮아 아무것도 걱정하지 마	56
세상에 보잘것없는 존재는 없어	60
행복의 반대말은 지나친 욕심이래	64
최선을 다했다면 꼴등도 부끄럽지 않아	68
몸도 마음도 맑고 환해지자	72

4장 꿈은 친구와 나눌 때 더욱 빛이 나

진정한 우정은 콧노래를 부르게 해	78
서로 보듬어 주고 토닥토닥 위로해 줘	82
먼저 햇살 같은 미소를 건네 봐	86
친절은 결국 나에게 선물로 돌아와	90
사랑한다면 먼저 용기 내어 말해 봐	94

5장 꿈은 온 세상을 아름답게 해

새끼손가락 걸고 우리 약속해	100
사랑을 줄수록 아름다운 사람이 돼	104
소중한 사람에게 사랑한다고 말해 줘	108
누구를 대하든 겸손하게 대하는 것이 중요해	112
실수해도 너그럽고 따뜻하게 감싸 줘	116

1장

모든 사람에게는 꿈이 있대

나는 나다울 때 가장 빛이 나

한 사람도 사랑해 보지 않았던 사람이
인류를 사랑하기란 불가능한 것이다.

― 헨리크 입센

한 청년이 있었어요. 이 청년은 항상 자신이 불행하다고 생각했어요. 못생긴 얼굴에 돈도 없고 직장도 번듯하지 않았기 때문이죠. 그래서 길을 걸을 때도 늘 축 처진 어깨로 힘없이 걸었어요. 그러다가 자기 집 앞에서 놀고 있는 아이들을 보면 두 눈에 힘을 주며 무섭게 말했어요.

"너희들 다른 곳에 가서 놀아. 시끄럽단 말이야!"

어느 날이었어요. 길을 걷고 있는데 허름한 옷을 입은 한 꼬마가 구석에 앉아 있었어요. 그냥 지나가려 했는데 꼬마가 뭐가 그리 좋은지 계속해서 환하게 웃는 거예요. 청년은 꼬마가 왜 그렇게 웃는지 궁금했어요. 그래서 꼬마 옆에 쪼그려 앉아 물었어요.

"꼬마야, 너 어디 사니?"

"저기 언덕 너머에 있는 고아원에 살아요."

"엄마 아빠가 안 계시니?"

"네."

"그런데 뭐가 그리 좋아서 아까부터 계속 웃고 있니? 넌 엄마 아빠가 안 계시는데 슬프지도 않아?"

그러자 꼬마는 여전히 환하게 웃으며 말했어요.

"원장 선생님이 슬플 때마다 더 환하게 웃으라고 했어요. 웃으면 곧 행복해진다고요. 행복을 남들과 비교하지 말랬어요. 그리고 저는 사랑받기 위해서 태어났대요."

꼬마의 말을 들은 청년은 눈을 지그시 감고 고개를 끄덕였어요. 그리고 마음속으로 생각했어요.

'그래, 남과 나를 비교하지 말고 지금의 나를 사랑하자.'

이 꼬마의 말처럼 자기가 처한 상황이 힘들거나 괴롭다고 쉽게 실망하거나 낙담하지 않아야 해요. 그리고 누군가를 사랑하기 위해서는 나 자신부터 사랑해야 해요.

대부분의 사람은 '사랑'이라는 단어에 가족이나 연인을 먼저 떠올리죠. 자기 자신을 사랑하면 왠지 이기적인 것 같지만 아니에요. 사랑은 내 안에서부터 시작됩니다. 그러니까 앞으로 어떤 일이 있어도 자기 자신을 미워하거나 원망해서는 안 돼요. 정원의 꽃에 물을 주고 거름도 주며 예쁘게 꾸미는 것처럼, 자기 자신의 마음을 쓰다듬고 안아 주면서 아름답고 건강하게 가꿔야 해요. 그래야 그 안에서 사랑의 꽃이 피고 그 향기가 멀리 퍼져 온 세상이 아름다운 사랑으로 뒤덮일 테니까요.

명심하세요. 나를 사랑할 줄 아는 사람만이 다른 사람도 사랑할 수 있다는 사실을요.

꿈꾸는 말, 이루는 말

주위의 빛이 아무리 밝다고 해서

내가 빛나는 건 아니야.

내 안의 꿈과 행복, 꽃, 하늘을 찾아내어

스스로 빛을 내야 비로소 반짝반짝 빛날 수 있어.

나에게는 우주만큼의 가능성이 있어

실수를 한 번도 해 보지 않은 사람은
새로운 것을 한 번도 시도해 보지 않았다는 것이다.

– 알버트 아인슈타인

러시아의 유명한 피아니스트이자 작곡가인 라흐마니노프는 젊어서부터 천재적인 재능으로 늘 자신감이 있었어요. 하지만 그런 그조차도 〈교향곡 제1번〉을 세상에 발표했을 때는 큰 충격을 받았어요. 좋은 반응을 기대했지만 정작 사람들의 반응이 차가웠기 때문이었죠.

"이게 무슨 교향곡이야? 이건 음악도 아니야."

"이 정도는 나도 만들겠다."

"음악은 아무나 하나 봐!"

결국 라흐마니노프는 큰 실망감에 빠져 자신의 재능을 의심하기 시작했어요.

'최선을 다해 만들었는데 이것밖에 안 되다니…. 그동안은 운이 좋아서 천재 소리를 들은 거야.'

그러다가 그는 급기야 음악을 포기하기로 마음먹고 매일 술만 마시며 5년간 절망의 시간을 보냈어요. 일상생활이 엉망이 되었고 그의 머릿속도 뒤죽박죽이 되었죠. 그런 그의 모습이 안타까웠던 친구는 그를 데리고 병원에 갔어요.

"의사 선생님, 이제 저는 음악을 하고 싶지 않습니다. 저에게는 재능이 없는 게 분명합니다."

힘없는 그의 말에 의사 선생님은 고개를 내저으며 말했어요.

"그게 무슨 소리입니까? 분명 당신 안에는 위대한 것이 있습니다. 그 진짜를 끄집어내세요."

"정말일까요?"

"물론이죠. 누구에게나 다 있지만 두려움 때문에 발견을 못 하죠."

의사 선생님의 말에 라흐마니노프는 자신감을 되찾게 됐어요.

'그래! 내 안의 위대함을 믿자. 난 할 수 있어!'

집으로 돌아온 그는 5년 만에 다시 작곡을 하기 시작했어요. 그리고 머지않아 〈피아노 협주곡 제2번〉을 세상에 발표했죠. 연주회가 끝나고 청중들은 폭발적인 찬사를 쏟아 냈어요.

"최고야! 아주 경이로워. 역시 라흐마니노프야!"

"러시아 최고의 음악가야!"

그는 다시금 최고의 음악가로 우뚝 서게 되었습니다.

가능성은 저 멀리 바다 건너에 있는 것이 아니라 내 마음속에 있어요. 특별한 사람에게만 있는 게 아니라 누구에게나 주어졌죠. 그렇기 때문에 내 안의 가능성을 믿고 끝까지 최선을 다해야 해요. 그러면 반드시 그 가능성이 꿈을 이룰 수 있게 도와줄 거예요.

꿈꾸는 말, 이루는 말

할 수 없다고 생각하는 사람은
변명거리부터 찾지만
할 수 있다고 자신하는 사람은 해결 방법을 찾게 돼.
할 수 있다는 마음이 바로 성취의 첫걸음이야.

넘어져도 툭툭 털고 일어날 수 있어

가장 위대한 영광은 한 번도 실패하지 않았다는 것이 아니라
넘어질 때마다 다시 일어났다는 것이다.

– 올리버 골드스미스

어느 날, 에디슨이 어두운 실험실에서 혼자 중얼거렸어요.

"어두운 밤을 환하게 밝혀 줄 무언가를 만들어야겠어!"

그가 상상한 것은 바로 전구였어요. 사람들이 불 대신 더 안전하고 편리하게 사용할 수 있는 빛을 만드는 것이었죠. 하지만 전구를 만드는 일은 생각보다 어려웠어요. 에디슨은 여러 가지 재료로 실험했어요. 실을 태워 보고, 나무 조각을 넣어 보고, 심지어 대나무 조각으로도 시도했어요. 그런데 만들 때마다 빛이 금방 꺼져 버렸어요.

"또 실패군."

어느새 실험실은 구겨진 종이와 망가진 재료들로 가득 찼어요.

어느 날, 조수가 에디슨에게 조심스럽게 말을 걸었어요.

"선생님, 식사하셔야죠?"

"아, 벌써 시간이 그렇게 됐군."

"선생님, 이미 천 번이나 실패하셨습니다. 아무리 해도 성공하기 쉽지 않아 보입니다. 이쯤에서 그만두시죠."

"아니야. 난 계속 도전할 걸세."

"너무나 많은 실패가 있었습니다. 지치지도 않으세요?"

"난 실패한 적이 없네. 다만 전구를 만들지 못하는 천 가지 방법을 알아낸 거지."

그 후로도 에디슨의 도전은 계속되었어요. 계절이 수십 번 바뀌어도 실험실을 벗어나지 않았어요. 그렇게 천 번, 오천 번을 넘어 무려 만 번의 실험이 이어지니 사람들은 점점 에디슨을 놀리기 시작했어요.

"저 사람은 미쳤어. 그리고 여전히 실패만 하는군!"

하지만 에디슨은 웃으며 말했어요.

"실패와 성공의 차이는 없습니다. 다만 실패 앞에서 멈추지 않고 계속 도전하면 성공할 수 있죠."

그의 말은 마침내 이루어졌어요. 대나무 섬유를 아주 얇게 잘라 전구 안에 넣었을 때 환한 빛이 켜졌어요. 그것도 아주 오래도록 말이죠. 에디슨과 조수들은 빛으로 밝아진 밤에 기뻐서 춤을 추었어요.

'실패는 성공의 어머니다'라는 속담을 들어 본 적 있나요? 이처럼 실패는 끝이 아니라 성공으로 가기 위한 과정일 뿐입니다.

누구나 실패는 할 수 있어요. 그러나 중요한 것은 극복하고 다시 일어나는 '오뚝이 정신'이에요. 실패를 딛고 한 번 더 과감하게 도전하는 거예요!

꿈꾸는 말, 이루는 말

내 앞을 가로막는 것,

그건 장애물이 아니라

가볍게 뛰어넘을 허들에 불과해.

넘어지면 어때? 다시 일어나면 되는 거야.

반짝이는 생각을 연필로 적어 봐

느닷없이 떠오르는 생각이 가장 귀중한 것이며
보관해야 할 가치가 있는 것이다. 메모하는 습관을 갖자.

– 프랜시스 베이컨

"왜 우리 회사는 몇 년째 제자리에 머물러 있는 거지?"

어느 회사 사장의 고민은 날로 깊어졌어요. 이유를 직원들에게 물어도 머리를 긁적이며 아무도 대답을 못 했어요. 사장은 침울한 표정으로 직원들에게 다시 말했어요.

"이대로 가면 회사가 망하는 길입니다. 우리 모두 정신 똑바로 차리고 열심히 일합시다."

사장실로 돌아온 사장은 이대로는 안되겠다는 생각에 회사를 잘 운영하고 있는 한 친구를 찾아갔어요.

"자네 회사는 나날이 발전을 하는데 왜 우리 회사는 늘 그대로인 건지 모르겠네. 좋은 방법을 알려 줄 수 있나?"

친구는 미소를 지으며 말했지요.

"기꺼이 알려 주겠네. 너무나 쉬운 일이니까."

사장은 두 눈을 크게 뜨고 귀를 쫑긋 세워 친구의 말에 귀 기울였어요. 친구가 종이 한 장을 들더니 이내 말했어요.

"여기 종이 한 장이 있지? 여기에 날마다 해야 할 일을 다섯 개씩 메모하게. 그리고 중요도에 따라 번호를 매기고 그 순서에 따라 일을 진행하게."

사장은 고개를 갸우뚱거리며 말했어요.

"고작 그게 전부야? 만약 다섯 개의 일을 메모했는데 한두 개밖에 실천하지 못하면 어떻게 하지?"

"설령 다섯 개 모두를 실천하지 못한다 해도 너무 상심하지 말게. 그래도 가장 중요한 일은 한 거니까."

미소와 함께 대답한 친구의 말을 들은 사장은 그제서야 고개를 끄덕였어요. 회사로 돌아온 사장은 직원들에게 친구의 가르침을 전했고, 놀랍게도 회사는 예전보다 훨씬 더 발전하게 되었어요.

지금 여러분의 호주머니에 손을 넣어 보세요. 그 안에 뭐가 있나요? 여러 가지의 물건들이 있을 수 있겠지만, 그중에서도 반드시 있어야 할 것이 있어요. 바로 펜과 종이입니다.

좋은 아이디어는 때와 장소를 가리지 않고 번개처럼 번쩍 떠올라요. 길을 걷다가도 떠오를 수도 있고 버스 안에서 창밖을 바라보다가도 떠오를 수 있죠. 그럴 때 빨리 펜과 종이를 꺼내 메모를 하세요. 그러면 그 아이디어는 내 것이 됩니다. 우리의 기억력은 한계가 있기 때문에 자칫 중요한 일들을 잊을 수도 있어요.

메모하는 습관은 좋은 습관입니다. 이 습관이 우리의 인생을 다르게 만들 수도 있어요!

꿈꾸는 말, 이루는 말

우리가 적은 것만이 우리에게 남을 수 있어.

적으면 기억하게 하고

그 기억은 꿈을 꾸게 하고

그 꿈은 결국 너의 인생을 완성시킬 거야.

속도보다 방향이 훨씬 중요해

정확한 목표 없이 여행을 떠나는 자는 방황한다.
목표 없이 일을 추진하는 사람은 기회가 와도 실행할 수 없다.

– 노먼 빈센트 필

일요일 아침, 아빠가 주호를 깨웠어요.

"주호야, 아빠랑 등산 가자."

"싫어요. 오늘은 실컷 잘 거란 말이에요."

"그러지 말고 가자."

주호는 어쩔 수 없이 자리에서 일어나 등산 갈 채비를 했어요.

"오늘은 산 정상까지 오르는 거다. 알았지?"

아빠의 말에 주호는 마지못해 고개를 끄덕였어요. 아빠와 주호는 열심히 산을 올랐지만 정상에 오르려면 한참을 더 가야 했어요. 주호는 숨을 헐떡거리며 아빠에게 물었어요.

"아빠, 언제쯤 산 정상에 도착할 수 있어요?"

"아직 멀었다. 앞을 잘 보고 열심히 걷다 보면 금방 도착할 거야."

아빠는 지도와 나침반을 꺼내 보여 주며 말했지만, 산에는 등산로가 제대로 있지도 않았어요. 둘은 그만 길을 잃고 말았죠. 아빠는 나침반을 내려다보며 길을 찾으려고 애썼지만, 주호는 아빠의 모습이 너무 답답했어요.

"아빠, 날이 어두워지려고 해요. 아무 방향으로든 빨리 가요."

그러나 아빠는 계속해서 나침반만 바라보았고 그런 아빠를 보며 주호는 화가 났어요. 그때 아빠가 한 방향을 가리키며 말했어요.

"이쪽이다! 주호야. 이 방향이 맞다. 이쪽으로 쭉 가면 분명 산 정상으로 가는 길이 나올 거야."

한참을 걸어가니 정말 아빠의 말대로 정상으로 가는 길이 나왔고, 아빠와 주호는 무사히 산 정상에 도착할 수 있었어요. 둘은 나란히 앉아 시원한 물을 나눠 마셨어요.

"주호야, 아까 아빠가 나침반을 오래도록 보고 있어서 답답했니?"

아빠의 말에 주호는 고개를 끄덕였고, 아빠는 이어 말했어요.

"주호야, 빨리 가는 것도 중요하지만 그보다 더 중요한 것은 방향이란다. 방향이 옳지 않다면 빨리 가도 소용이 없어. 결국 다시 돌아와야 하니까 말이야."

여러분은 커서 무엇이 되고 싶나요? 되고 싶은 것도, 하고 싶은 일도 너무나 많겠죠. 하루에도 수십 번 꿈이 바뀔지도 몰라요. 그렇다고 너무 이상하게 생각하지 마세요. 중요한 것은 조급한 마음으로 허둥지둥하는 것보다 확실한 목표를 세우는 거예요. 속도보다는 방향이 중요합니다. 목표가 없다면 권투 선수가 주먹을 허공에 휘두르는 것과 같고, 배가 항구를 정하지 못하고 정처 없이 바다를 떠도는 것과 다를 바가 없어요. 그러니 앞으로는 내가 꼭 하고자 하는 꿈이나 일을 정확히 정하도록 하세요. 목표를 세우면 이미 그 목표의 반은 이룬 거니까 다름없으니까요.

꿈꾸는 말, 이루는 말

속도는 순간의 성취감을 주지만

방향은 새로운 길을 열어서

더 큰 세상으로 이끌어 줘.

너의 꿈이 가리키는 방향으로 묵묵히 걸어가면 돼.

2장

꿈의 씨앗에 싹을 틔워 봐

꿈을 이룬 사람은 벽을 뛰어넘어

벽에 부딪혔다면 돌아서서 포기하지 말고
그것을 넘어가는 방법을 찾아라.

– 마이클 조던

어느 작은 마을에 음악을 사랑하는 소년이 있었어요. 그는 어릴 때부터 바이올린을 늘 들고 다녔어요. 바이올린을 연주할 때마다 어찌나 행복해 보였던지 마을 사람들은 그를 보며 "정말 특별한 아이야!"라고 말했어요. 시간이 흘러 18살이 된 그는 꿈에 그리던 교향악단의 단원이 되었어요. 매일 바이올린을 연주하며 청중들의 박수를 받는 것은 말로 표현할 수 없는 기쁨이었죠. 하지만 그 행복은 오래가지 않았어요.

어느 날, 그는 악보가 잘 보이지 않는다는 걸 느꼈어요. 처음엔 피곤해서 그런가 싶었지만 날이 갈수록 상태는 더 나빠졌죠. 급격히 나빠진 시력에 하늘이 무너지는 것 같았던 그는 바이올린을 끌어안고 하염없이 눈물을 쏟아 냈어요.

"어떻게 하지? 음악을 못 하게 되면 난 아무것도 아니야."

절망만 하고 있을 수는 없었던 그는 악보를 통째로 외우기 시작했어요. 밤낮으로 연습하며 쉼표 하나까지 놓치지 않고 머릿속에 새겼어요. 그러던 어느 날, 공연이 코앞으로 다가왔는데 지휘자가 갑작스러운 사고로 무대에 오를 수 없게 되었어요. 당황한 단원들 사이에서 그가 말했어요.

"제가 악보를 통째로 외우고 있어요. 제가 지휘를 맡을게요."

그는 단단히 마음을 먹고 지휘봉을 들었어요. 음악이 시작되자 그는 마치 음악과 하나가 된 듯 모든 단원을 조화롭게 이끌어 갔어요. 공연이 끝난 후 여기저기서 청중의 환호가 터져 나왔어요. 그날 이후 그는 지휘자의 길을 걷기 시작했어요. 그는 끝없이 노력하며 자신의 실력을 갈고닦았고 마침내 세계적으로 유명한 지휘자가 되었지요. 사람들은 모두 그를 존경하며 이렇게 말했어요.

"진정으로 음악을 사랑하는 사람이에요. 그의 음악은 언제나 우리에게 용기와 희망을 줍니다."

그는 미소 지으며 대답했죠.

"음악은 제 삶이에요. 음악이 제게 준 행복을 모두와 나누고 싶어요."

그는 바로 20세기 클래식 음악의 수준을 혁신적으로 끌어올린 인물로 평가 받는 토스카니니입니다.

내가 약점이라고 생각하는 것들은 종종 나를 특별하게 만들어 주기도 합니다. 그 차별성이 오히려 자신만의 강점이 될 수 있어요. 예를 들어 말을 잘 못하는 사람이라면 다른 사람의 말을 더 잘 들을 수 있는 능력을 기를 수 있죠. 감정적으로 예민하다면 다른 사람의 감정을 공감하고 이해하는 데 탁월할 수 있어요.

꿈꾸는 말, 이루는 말

길이 막혔다고 절망하지 마.

또 다른 길을 찾아가면 돼.

새로운 길에서

너만의 특별한 재능을 발견할 수 있어.

작고 사소한 일도 개미처럼 꾸준히 하자

작은 일에 충실함으로써
우리는 큰일을 수행할 수 있습니다.

– 마더 테레사

화가이자 시인인 미켈란젤로가 작업실에서 열심히 조각품을 다듬고 있었어요. 그러던 어느 날, 나이 지긋한 신사 한 분이 작업실에 찾아왔어요.

"실례합니다. 잘 지내셨나요? 조각품이 얼마나 완성되었는지 궁금해서 찾아왔습니다."

그 신사는 미켈란젤로에게 조각품을 주문한 사람이었어요. 신사는 조각품을 이리저리 둘러보더니 눈가에 힘을 주며 말했어요.

"지난번이랑 지금이 뭐가 다른 거죠? 작업이 하나도 되지 않았군요. 이렇게 해서 언제 완성할 수 있겠습니까?"

그러자 미켈란젤로는 고개를 내저으며 말했어요.

"그게 무슨 소리입니까? 선생님께서 다녀가신 뒤로 저는 더 열심히 일했습니다. 자, 보십시오. 표면을 부드럽게 만들었고, 몸체의 잔근육을 세웠습니다. 힘이 느껴져야 하는 부분은 더 디테일하게 잡으려고 했죠.

신사는 불만 섞인 목소리로 다시 말했어요.

"그런 것들은 매우 작고 사소한 것들이 아닙니까? 제 눈에는 지난번과 똑같습니다. 도대체 작업을 한 겁니까, 안 한 겁니까?"

미켈란젤로는 짧은 한숨을 내쉬며 나지막이 대답했어요.

"지난번과 같아 보일 수도 있습니다. 하지만 저는 좀 더 섬세하게 작업을 진행했습니다. 하찮은 작업이라 말할 수 있겠지만 그 하찮은 것들이 모여 결국 위대한 작품으로 완성되는 것입니다. 그러니 저를 믿고 기다려 주세요."

신사는 민망한 듯 머리를 긁적이며 작은 목소리로 대답했어요.

"죄송합니다. 급한 마음에 제가 실수를 했습니다."

우리가 산의 정상에 오르려면 어떻게 해야 할까요? 한 걸음 한 걸음이 모여 정상에 오를 수 있겠죠. 모든 일이 그래요. 뭔가를 완성하려면 차근차근, 오래 해야 해요. 하루아침에 완성되는 일은 없습니다. 아주 작고 사소한 일에서부터 시작되는 거죠.

숲이 처음부터 웅장하고 울창했던 게 아니에요. 작은 씨앗이 폭풍우와 한겨울의 추위를 이겨 낸 후에야 비로소 나무가 되고 그 나무가 모여 큰 숲을 이루는 거죠.

천 리 길도 한 걸음부터입니다. 하루라는 시간이 모여 인생이 되듯 지금 이 순간의 최선이 미래를 값지게 만드는 거죠. 작고 사소하지만 꾸준히 하는 게 쌓이다 보면 엄청난 성과를 낸다는 사실, 그걸 잊지 마세요.

꿈꾸는 말, 이루는 말

흙 한 줌 한 줌이 모여 거대한 산이 되고

물 한 방울 한 방울이 모여 드넓은 바다가 된 거야.

너의 이 작은 걸음이 모여

위대한 삶이 될 거야.

시간은 우리 모두에게 주어진
선물이라는 걸 기억해

오늘 하루를 헛되이 보냈다면 그건 아주 커다란 손실이다.
하루를 유익하게 보낸 사람은 하루의 보물을 파낸 것이다.

- 앙리 프레데릭 아미엘

19세기 러시아를 대표하는 세계적인 문학가 도스토옙스키가 젊었을 때 일입니다. 1849년 그는 큰 죄를 지어 사형 선고를 받게 되었어요. 차가운 감옥에서 하루하루 죽음을 기다리던 그에게도 사형 집행 날이 다가왔어요.

"도스토옙스키, 나와라! 오늘이 바로 사형을 집행하는 날이다. 맘 편안히 먹고 부디 좋은 곳으로 가길 바란다."

무섭게 생긴 군인들이 그를 끌고 사형장으로 갔어요. 사형장에 도착한 그의 몸은 나무 기둥에 묶였고 눈은 검은 천으로 가려졌어요. 그는 온몸을 이리저리 흔들며 발버둥을 쳤지만 아무 소용없었어요.

"자, 이제 5분 후에 사형을 집행하겠다."

자신의 운명을 받아들인 그는 눈을 감고 5분 동안 자신만의 시간을 가졌어요. 가족에게 따뜻하게 대해 주지 못한 게 미안했고 친구들과 더 깊은 우정을 나누지 못한 게 후회됐어요.

'미안합니다. 나의 가족, 나의 친구여.'

어느새 2분이라는 시간이 흘렀어요. '남은 3분을 어떻게 쓸까?'라는 생각과 함께 그는 눈물을 흘렸어요. 지금까지 살아오면서 주어진 시간을 좀 더 아끼고 가치 있게 사용했다면 어땠을까 하는 후회가 밀려왔기 때문이죠.

'지금의 5분처럼 가치 있게 살 것을….'

그렇게 짧은 시간이 흘러 사형 집행의 순간, 갑자기 말을 탄 병사가 흰 깃발을 흔들면서 달려왔어요.

"황제의 특명이오. 사형 집행을 멈추시오!"

세상에! 도스토옙스키는 기적적으로 죽음을 면했어요. 그 후, 그의 삶은 달라졌어요. 그는 사형 집행 직전에 주어졌던 그 5분의 시간을 생각하며 하루하루를 열심히 살았어요. 작가라는 본분을 잊지 않고 열심히 글을 썼고, 그 결과 《죄와 벌》, 《카라마조프가의 형제들》 등 수많은 명작을 남길 수 있었습니다.

누구에게나 매일 평등하게 주어지는 것이 있어요. 가난하든 부유하든 남자든 여자든 노인이든 아이든 상관없이 똑같이 '24시간'이란 선물이 주어지죠. 여러분은 그 선물을 어떻게 사용하실 건가요? 하루의 시간을 최고의 가치로 여기고 순간순간 최선을 다한 사람은 훗날 자신의 꿈에 가까운 사람이 되겠지만, 그러지 않고 하루의 시간을 헛되게 보낸 사람은 큰 후회를 하게 될 거예요. 흘러간 강물이 다시 돌아오지 않듯 지나간 시간도 다시 오지 않아요. 인생은 순간순간이 모여 만들어져요. 지금 이 순간이 바로 여러분의 미래이고 꿈이라는 걸 잊지 마세요.

꿈꾸는 말, 이루는 말

시간 마술봉을 높이 들어 주문을 외쳐 봐.

반짝반짝 꿈이 쏟아지고

하하하하 웃음이 넘쳐날 거야.

시간은 너에게 주어지는 하루의 소중한 기적이야.

영차영차 땀 흘려야만 얻을 수 있는 게 있어

땀은 내가 꿈을 이루기 위해
흘리는 보람이다.

– 마이클 조던

어느 마을에 성실한 농부가 살고 있었어요. 그 농부는 비가 오나 눈이 오나 단 하루도 쉬지 않고 땀 흘려 일했죠. 그 결과 아주 넓은 밭을 갖게 되었어요. 농부는 그 넓은 밭에 사과나무를 심었고, 그 나무에는 매년 탐스러운 사과가 주렁주렁 열렸지요. 하루의 일을 마친 농부는 사과를 바구니에 담아 세 아들이 있는 집으로 향했어요.

"우와, 사과다!"

"많이 있으니 천천히 먹으렴. 그나저나 너희들은 언제부터 일할 거니? 매일 놀기만 하면 앞으로 어떻게 살려고 그러니?"

세 아들은 인상을 찌푸리며 말했어요.

"왜 힘들게 일을 해요? 노는 게 얼마나 좋은데요."

이후 여러 해가 지나 농부는 늙어서 더 이상 일을 할 수 없게 되었어요. 하지만 세 아들은 여전히 일을 전혀 하지 않았죠. 그러는 사이 밭에는 잡초가 수북하게 자라서 엉망이 되었어요. 농부는 세 아들을 불러 유언을 남겼어요.

"내가 너희들을 위해 밭에 아주 귀한 보물을 남겼단다. 싸우지 말고 공평하게 나눠 갖도록 해라."

농부가 세상을 떠난 뒤, 세 아들은 보물을 먼저 차지하려고 앞다퉈 밭으로 달려갔어요.

"도대체 보물은 어디에 있는 거야!"

"보물이 있긴 한 거야?"

"아버지께서 거짓말을 하신 게 분명해!"

삽으로 여기저기를 파헤치며 아무리 찾으려 했지만 보물은 보이지 않았어요. 세 아들은 허탈한 마음에 벌러덩 누웠어요. 바로 그때 그들의 눈에 나무에 매달린 먹음직스러운 사과 하나가 들어왔어요. 그 사과를 본 큰아들이 뭔가 깨달았다는 듯 외쳤어요.

"아버지께서 우리에게 남긴 최고의 보물은 바로 저 사과였어!"

둘째 아들도 고개를 끄덕이며 말했어요.

"일하지 않고 처음부터 큰 보물을 바라던 우리가 바보였어."

그 후, 세 아들은 아버지가 남긴 사과나무를 정성스럽게 키웠어요. 그래서 해마다 맛있는 사과를 수확해 더 큰 부자가 될 수 있었죠.

맛있는 과일들은 우리 식탁에 어떻게 왔을까요? 하루아침에 마법처럼 나타났을까요? 아닙니다. 바로 농부들의 땀과 정성 그리고 시간이 더해졌기 덕분이에요. 열매를 얻기 위해선 씨앗을 뿌리고 거름도 주고 물도 주고 햇볕도 잘 쬐어 줘야 해요. 무엇이든 그냥 얻는 건 하나도 없어요. 성실한 마음으로 꾸준히 일궈 내야만 좋은 결과물 얻어 낼 수 있죠. 보물은 하늘에서 뚝 떨어지는 게 아니라 땀방울이 모이고 모여 만들어진다는 사실을 명심하세요.

꿈꾸는 말, 이루는 말

땀은 우리 몸에서 피어나는 작은 별들이야.

땀을 흘리면 그 별들이 하늘을 수놓을 거야.

땀은 우리 몸의 꽃잎 같아.

결국 아름다운 꽃이 되어 세상을 밝힐 거야.

마음이 부자인 사람이 진짜 부자래

자신이 가진 것에 행복해지는 것은
부자가 되는 것이다.

– 소크라테스

한 나라를 이끌던 왕이 갑자기 병에 걸렸는데 아무리 손을 써도 낫지 않았어요. 왕은 이대로 죽는 것이 너무 억울했죠. 그는 신하들을 불러 모아 말했어요.

"내 병을 낫게 해주는 사람에게 나라의 절반을 주겠노라."

왕의 말은 전국 각지로 퍼졌고 유명한 의사들이 모두 모였어요. 귀한 약초라면서 왕에게 준 의사도 있었고 최면을 걸어서 낫게 해준다는 의사도 있었어요. 하지만 다 소용 없는 일이었죠.

그러던 어느 날, 한 노인이 왕을 찾아왔어요. 노인은 흰 수염을 쓸어내리며 왕에게 말했어요.

"무엇 하나라도 부족함 없는 행복한 사람을 찾으세요. 그리고 그가 입은 윗옷을 벗겨 왕께서 입으시면 병이 나을 것입니다."

이 말을 들은 왕은 신하들을 전국 각지로 보냈어요. 신하들은 여기저기 헤맸지만 도저히 그런 사람을 찾을 수가 없었죠. 그러던 중, 한 신하가 허름한 집을 지나는데 안에서 목소리가 들려왔어요.

"아, 잘 먹었다. 더 이상 부족할 게 없네. 아, 행복하다."

신하는 이제야 부족함이 없는 행복한 사람을 찾았다는 생각에 기뻤어요. 그 집으로 들어가서 청년에게 자초지종을 이야기했죠.

"아, 그러세요? 이 윗옷을 벗으면 저는 알몸이 되지만 그래도 이게 필요하다면 기꺼이 드리겠습니다."

"고맙소."

윗옷을 건네받은 신하가 집 내부를 살펴보니 살림살이는 모두 낡았고 그 윗옷도 청년이 가진 옷의 전부였죠.

"보아하니 자네 형편이 좋지 않아 보이는데 그래도 행복한가?"

그러자 청년은 아무렇지도 않은 듯 미소 지으며 말했어요.

"보이는 것만이 전부가 아니에요. 제 마음속엔 아주 많은 꿈이 있어요. 그래서 전 행복합니다."

고개를 끄덕인 신하는 청년의 윗옷을 챙겨 황급히 왕에게 갔어요. 그리고 신하는 청년과 있었던 일을 왕에게 말했어요. 그러자 왕도 고개를 끄덕였지요. 그 청년의 윗옷을 받아 입은 왕의 병은 놀랍게도 눈 녹듯 깨끗하게 사라졌습니다.

오직 돈만으로는 진정한 행복과 만족을 찾기는 어려워요. 돈은 삶의 여러 측면을 향상시키고 안정을 제공할 수 있죠. 그렇다고 그 자체만으로 마음 깊은 곳을 충족시키진 못하죠. 마음의 풍요는 돈으로 얻을 수 없는 것들로 이루어져 있어요. 진정한 행복과 만족을 찾기 위해서는 내적으로 소중하고 의미 있는 것을 발견하고 추구하는 게 중요해요. 그것이 진정 풍요로운 삶을 살아가는 길이며 가치 있는 일이죠. 마음이 풍요롭다면 분명 가난한 사람이 아니랍니다.

꿈꾸는 말, 이루는 말

마음은 무지개와 같아.

행복한 색, 꿈꾸는 색, 다정한 색, 사랑의 색.

힘들 때면 언제나 하늘을 봐.

마음 무지개가 너를 안아 줄 거야.

3장
꿈을 이루려면 단단한 마음이 필요해

괜찮아 아무것도 걱정하지 마

끝내 일어나지 않았던 나쁜 일 때문에
우리들은 얼마나 많은 시간을 허비했던가?

– 토머스 제퍼슨

하루 손님이 다섯 명을 넘지 못하는 식당의 주인은 늘 걱정이 많았어요. 의자에 앉아 있어도 걱정, 화장실에 가도 걱정, 길을 걸을 때도 머릿속엔 온통 걱정만 가득했어요. 늘 달고 다니는 걱정 때문에 건강까지 나빠졌죠. 그러던 어느 날, 식당에 친구 한 명이 찾아왔어요.

"자네 몸이 왜 그런가? 무슨 일이라도 있나?"

주인은 그동안 있었던 일을 친구에게 말했어요. 그러자 친구는 진지한 표정을 지으며 속삭였어요.

"더 이상 이대로는 안 되겠네. 걱정을 하면 할수록 자네 몸만 망가지니까 내가 좋은 방법을 알려 주겠네."

주인은 친구의 말에 귀를 기울였지요.

"날마다 걱정에 사로잡혀 지내지 말고 일주일 중 하루만 걱정을 하게. 매주 일요일 저녁에 몰아서 걱정을 하는 거지."

주인은 고개를 갸우뚱거리며 물었어요.

"그게 가능한 일인가?"

친구는 고개를 끄덕이며 말했어요.

"가능한 일이지. 우선 작은 상자 하나를 만들게. 걱정이 생길 때마다 종이에 적어 넣어뒀다가, 일요일 저녁에 상자를 열어 보는 거지."

주인은 친구의 조언대로 작은 상자를 만들었어요. 그리고 매일 생기는 걱정을 메모하여 그 상자에 넣었어요. 일요일이 되었을 때 걱정

상자를 열어본 주인은 놀랐어요. 당시에는 너무나도 큰 걱정거리였는데 지금 와서 보니 대수롭지 않은 문제였던 거죠.

"내가 이까짓 것 가지고 걱정을 했었나?"

주인은 깨달았어요. 그동안 자신을 따라다니며 괴롭혔던 걱정거리는 대부분 하찮은 것들이었다는 사실을요. 그리고 걱정을 하면 할수록 눈덩이처럼 커진다는 사실을요. 그 후, 그는 걱정을 할 시간에 열심히 식당 일을 했어요. 그렇게 마음을 다잡으니 식당은 손님으로 북적거리기 시작했습니다.

어느 조사에 따르면 사람들이 하는 걱정거리 중 대부분은 사실 별거 아니라고 합니다. 그런데 사람들은 미리 마음 졸이며 걱정을 하는 거죠. 여러분도 지금 품고 있는 걱정거리가 있나요? 그렇다면 지금 당장 휴지통에 버리세요. 그리고 며칠이 지난 뒤 그 일을 생각해 보세요. 아마 이런 생각을 하게 될 겁니다.

'내가 왜 그런 하찮은 일로 걱정을 했지?'

걱정한다고 문제가 해결되는 건 아니에요. 오히려 머리를 더 아프게 하고 의욕도 꺾이게 할 뿐이죠. 그러니까 앞으로는 걱정거리가 너무 많이 쌓인다면 과감하게 넘겨 보는 건 어떨까요? 우리 몸과 마음이 건강해질 거예요.

꿈꾸는 말, 이루는 말

걱정은 먹구름이 되어

때론 마음을 어둡게 만들지.

그렇다고 너무 걱정하지 마.

바람이 불면 서서히 사라질 테니까.

세상에 보잘것없는 존재는 없어

당신이 하는 거의 모든 일이 사소하다.
하지만 당신이 그것을 한다는 것은 매우 중요하다.

– 마하트마 간디

'내 얼굴은 왜 이 모양이지. 나는 왜 울퉁불퉁하고 향기도 없는 초라한 모습으로 이 세상에 태어났을까?'

시골길에 놓인 작은 돌멩이 하나는 입술을 내밀며 투덜거렸어요. 돌멩이로 태어난 것도 억울한데 더 기분 나쁜 건 볼품없이 생겼기 때문이죠. 예쁜 모양에 고운 색깔을 가진 다른 돌멩이에 비해 자신은 어디에서나 볼 수 있는 흔한 돌멩이에 불과했죠.

어느 날, 그는 머리 위로 지나가는 바람에게 말을 걸었어요.
"저랑 대화 좀 해요."
"무슨 일이니?"
"사람들은 왜 예쁜 것만 좋아하죠?"
"그게 무슨 소리니?"
"꽃도 돌멩이도 예쁜 것만 좋아하잖아요."
"아, 그건 사람들이 사는 곳을 꾸밀 수 있기 때문이야."
바람의 말을 듣고 시무룩해진 그는 혼자 중얼거렸어요.
'나도 사람들이 사는 곳을 예쁘게 꾸미고 싶어. 그래서 그들에게 사랑을 받고 싶어.'

돌멩이는 자신의 처지가 안타까워 눈물을 흘리기 시작했어요. 그런 작은 돌멩이의 어깨를 바람이 따뜻하게 감싸줬어요.

"돌멩이야, 울지 마. 넌 최고야."

"그럴리가요. 전 하찮고 초라한 존재인걸요."

작은 돌멩이는 퉁명스럽게 말했어요. 그러자 바람은 입가에 미소를 지으며 따뜻한 말투로 말했어요.

"사람들이 가져간 돌멩이들은 그들의 거실이나 방을 아름답게 만들지. 그치만 너는 그보다 더 큰 일을 하고 있잖니?"

"제가요?"

"자, 주위를 봐! 너는 이 시골길 전체를 아름답게 꾸미잖아. 그뿐만이 아니야. 드넓은 자연을 아름답게 꾸미잖아. 거기에 그치지 않고 지금 이 우주를 아름답게 꾸미고 있는 거야."

바람의 말을 들은 작은 돌멩이는 눈물을 멈췄어요. 그리고 깨달았어요. 자기가 시골길에 놓여 있다는 것이 자랑스럽고 행복하다는 것을요.

아주 작은 개미나 이름 없는 들풀도 분명 각자의 가치가 있어요. 이 세상에 불필요한 존재란 없죠. 그렇기 때문에 여러분도 자신의 존재를 비하하거나 미워해서는 안 됩니다. 존재 그 자체만으로도 충분히 멋지고 아름다운 거죠. 이 세상 모든 사람들은 모두 사랑받기 위해 태어났고 이 세상에 꼭 필요한 존재라는 걸 잊지 마세요.

꿈꾸는 말, 이루는 말

작은 씨앗 하나가 크게 자라나듯이

작은 존재라도 큰 변화를 가져올 수 있어.

하찮게 보이는 별빛 하나가 어둠을 밝히듯이

누구나 다 인생의 주인공이 될 수 있어.

행복의 반대말은 지나친 욕심이래

만일 행복을 바라거든
무엇보다도 먼저 모든 일에 욕심을 버려라.

– 안톤 체호프

그리스, 페르시아, 인도에 이르는 대제국을 건설한 왕이 누구였는지 아시나요? 바로 알렉산드로스 대왕입니다. 그는 세계를 지배했던 가장 위대한 왕이었습니다. 그러나 그도 병 앞에서는 나약한 인간에 불과했죠.

알렉산드로스 대왕의 병세가 심해질수록 왕실은 깊은 시름에 빠졌어요. 그의 병을 고치기 위해 유명한 의사들이 문지방이 닳도록 찾아와도 아무도 그 병을 고칠 수 없었어요.

"대왕님, 제발 힘을 내세요."

"대왕님, 예전처럼 우리를 이끌어 주세요."

신하들은 허둥대며 대왕을 걱정했지만 정작 대왕은 침착했어요. 강인한 정신력으로 끝까지 왕으로서의 위엄을 지켰죠.

"이제 정말 내가 죽을 때가 되었다. 사람은 태어나서 언젠가는 떠나는 게 인생이다. 너무 슬퍼하지 마라."

며칠이 흘러 병세는 더 악화되어 이제는 앉아 있을 힘조차 없었지요. 그런 대왕은 신하들을 모두 모이게 했어요.

"잘 듣거라. 유언이다. 나는 머지않아 죽게 되고 땅에 묻히게 되겠지. 그럼 나를 땅에 묻을 때 몸은 묻되 손은 묻지 마라. 그래서 밖으로 나온 내 손을 모두가 볼 수 있도록 하라."

알렉산드로스 대왕의 말을 들은 신하들은 고개를 갸웃거렸어요.

"대왕님, 왜 손은 묻지 말라고 하시는 겁니까?"

그러자 알렉산드로스 대왕은 미소를 지으며 이렇게 말했어요.

"나는 천하를 다 얻은 대왕이지만 죽을 때는 빈손으로 간다는 걸 보여 주고 싶다. 부디 내 빈손을 보고 사람들이 욕심과 욕망에서 벗어나길 바란다."

그때서야 신하들은 알렉산드로스 대왕의 깊은 뜻을 알고 고개를 끄덕였어요.

법정스님이 꾸준히 가르치고 실천하고자 한 것 중 대표적으로 '무소유 정신'이 있습니다. 이는 아무 것도 갖지 않는 게 아니라 필요 없는 것은 갖지 않는다는 뜻을 담고 있죠.

사람들은 굳이 필요 없는 것까지 가지려고 해요. 다른 사람과 나를 비교하며 욕심을 부리는 거죠. 맛있는 음식이 있다고 해서 계속해서 먹게 된다면 자칫 배탈이 날 수도 있습니다. 욕심과 욕망이 커질수록 내 마음만 더 괴로울 뿐이에요. 내가 가진 게 적더라도 욕심을 버리고 그 빈 공간을 만족으로 채우세요. 그럼 우리는 비로소 진짜 행복한 사람이 될 수 있을 거예요.

꿈꾸는 말, 이루는 말

욕심은 고약한 불꽃이야.

처음엔 작지만 점점 더 커져서

마음 전체를 태워 버릴지도 몰라.

욕심을 내려놓으면 그 자리에 행복이 머물러.

최선을 다했다면 꼴등도 부끄럽지 않아

세상은 고통으로 가득하지만
그것을 이겨 내는 사람들로도 가득하다.

– 헬렌 켈러

멕시코 올림픽이 열린 1968년, 대운동장에는 수백 명의 마라톤 선수들이 출발선에서 대기하고 있었어요. 출발 신호가 울리자 선수들은 힘차게 뛰어나갔죠. 그런데 한 선수가 옆 사람과 부딪치면서 넘어지고 말았고, 그는 발목을 쥐며 고통을 호소했어요. 주위에 대기 중이던 의사들이 황급히 달려와 진찰을 했어요. 그러곤 어두운 표정으로 입을 열었어요.

"이 상태로 더 뛰는 건 무리입니다."

의사의 말을 들은 선수는 고개를 떨구었어요. 그의 눈에는 금세 절망과 슬픔의 눈물이 차올랐어요. 그때 그 선수가 갑자기 자리에서 일어나 뛰기 시작했어요.

"안 됩니다. 이 상태로 달렸다가는 큰일납니다."

의사는 말렸지만 그 선수는 아랑곳하지 않고 계속 달렸어요. 한 발 한 발을 내디딜 때마다 고통스러웠지만 이를 악물고 달렸어요. 응원을 하던 시민들도 그 선수를 보며 모두 안타까워했어요. 그는 몇 미터 달리다 넘어지고 또 달리다 넘어지기를 수십 차례 반복하면서도 절대로 포기하지 않았어요.

'난 달릴 테야. 끝까지 달릴 테야!'

그는 통증을 참아 가며 마음속으로 다짐했어요. 두 다리로 달렸다기보다 강한 정신력으로 달린 거죠.

"저기 온다! 드디어 온다!"

저녁 늦은 시간쯤 누군가가 소리쳤어요. 마침내 길고 긴 마라톤 코스를 완주한 그는 도착하자마자 자리에 쓰러졌어요. 그리고 헐떡거리며 거친 숨을 쉬었지요. 사람들은 그의 옆으로 몰려 들어 그를 격려해 주었지요. 한 사람이 그에게 물었어요.

"아픈 다리로 왜 끝까지 뛰었습니까?"

그는 미소를 지으며 말했어요.

"나는 마라톤을 완주하기 위해 지구 반대편에서 여기까지 왔습니다. 그런 내가 참고 견디지 못할 일이 뭐가 있겠습니까?"

이 이야기 속 선수는 아프리카 탄자니아 출신의 존 스티븐 아쿠와리입니다.

일등을 하는 것도 중요하지만 설령 꼴등을 했다고 해도 부끄럽게 생각하지 마세요. 온 힘을 다해 최선을 다했다면 부끄러운 게 아니에요. 진정한 승리자는 참고 견디며 끝까지 해내는 사람이죠.

일등이 꼴등이 될 수도 있고 꼴등이 일등이 될 수도 있어요. 그러니까 매 순간 좌절하지 말고 다시 일어나 시작하세요. 결과보다 과정이 아름답다면 누구나 다 일등이에요. 그러다 보면 언젠가는 일등도 할 수 있게 될 거예요.

꿈꾸는 말, 이루는 말

마지막을 달리는 사람도
그 순간만큼은 인생의 승리자야.
포기하지 않았으니까.
힘들겠지만 너도 멈추지 마.

몸도 마음도 맑고 환해지자

우리의 몸은 정원이요,
우리의 의지는 정원사다.

– 윌리엄 셰익스피어

태어난 지 19개월 때, 시각과 청각을 모두 잃게 된 아이가 있었어요. 그 소녀는 자신의 처지에 좌절하지 않았고 열심히 공부하여 미국의 어느 명문대학교에 입학했어요. 우수한 성적으로 졸업까지 이뤄 냈죠. 그리고 나중에 그녀는 장애인들을 위한 교육, 사회 복지 시설의 개선을 위해 앞장섰고, 소외된 이들의 인권을 위한 여러 사회 운동을 하는 훌륭한 사람이 되었어요.

그녀가 누군지 아세요? 바로 헬렌 켈러입니다. 책 《사흘만 볼 수 있다면》 속 그녀의 이야기를 소개할게요.

그녀는 단 하루만 눈을 뜬다면 자신이 할 수 있는 일이 무엇일지 떠올렸어요. 먼저 자신의 스승인 설리번을 찾아가 오랫동안 스승의 모습을 바라보며 마음 깊이 새기고 싶었어요. 그다음에는 친구들을 만나고 싶고, 자연 속에서 아름다운 풍경을 감상하고 싶었어요. 바람에 흔들리는 나뭇잎, 들꽃, 그리고 저녁 석양의 아름다움 같은 것들을 말이에요. 그다음 날 아침에는 웅장한 일출을 바라보며 하루를 시작하고 메트로폴리탄 박물관을 방문해 예술 작품들을 감상하고 싶었죠. 저녁에는 별이 가득한 밤하늘을 보며 하루를 마무리하고 싶고, 마지막 날에는 출근길에 사람들의 표정을 보고 오페라 하우스나 영화관에서 문화를 즐기고 싶었습니다. 그리고 집에 돌아와 눈을 감기 전에는 하나님께 감사의 기도를 드리고 다시 영원한 어둠 속으로 돌아갈 준비를 하겠다고 결심했다고 해요.

　참으로 간절하고 감동적인 글이죠. 이 글을 읽고 무엇을 느꼈나요? 그녀가 느꼈을 고통과 아픔, 그리고 희망이 느껴지나요? 몸의 건강 못지않게 정신적인 강인함이 참으로 중요하다는 걸 알 수 있죠. 그리고 또 하나, 몸이 불편한 사람들에게 먼저 손을 내밀고 그들과 더불어 살고자 해야 합니다.

꿈꾸는 말, 이루는 말

꽃과 나무가 서로 의지하며 자라나듯이
우리의 몸과 마음도 서로를 돌봐 주며 건강해지지.
건강한 몸과 마음을 갖춰야
꿈꾸는 내일을 맞이할 수 있어.

4장

꿈은 친구와 나눌 때 더욱 빛이 나

진정한 우정은 콧노래를 부르게 해

친구란
내 슬픔을 등에 지고 가는 자입니다.

– 인디언 속담

화가 밀레를 아시나요? 밀레는 프랑스의 화가로 〈만종〉, 〈이삭줍기〉 등의 작품이 유명합니다. 그렇다고 처음부터 유명한 건 아니었죠. 그에게도 무명 시절이 있었어요. 하루에 한 끼조차 먹기 힘들 정도로 가난했지만 그는 그림을 그리는 일을 포기하지 않았어요.

"참아 보려고 해도 더 이상은 안 되겠네."

먹을 음식은 물론이고 그림 도구들 또한 다 떨어지고 말았죠. 밀레는 깊은 고민에 빠졌어요.

'이대로 그림 그리는 것을 포기해야 하나?'

그때, 그의 친구 화가 루소가 찾아왔어요.

"밀레야, 기쁜 소식이야. 정말로 축하해."

영문을 모르는 밀레는 고개를 갸우뚱거리며 물었죠.

"자세하게 말해 봐. 그게 도대체 무슨 소리야?"

"드디어 자네 그림을 사겠다는 사람이 나타났어. 그리고 돈도 많이 준다고 하네."

"정말? 그게 정말이야?"

밀레는 너무나 기뻤어요. 누군가 자신의 그림을 산다는 건 분명 화가로서 인정받는 일이니까요. 밀레는 자신의 여러 그림 중에 〈접목하는 농부〉라는 그림을 루소를 통해 팔았어요. 덕분에 음식과 그림 도구를 충분히 살 수 있는 돈을 벌게 되었죠.

몇 년이 지난 어느 날, 밀레는 친구 루소의 집에 놀러 갔어요. 거실에 들어선 밀레는 깜짝 놀랐어요.

"어? 저 그림은 내 그림이 아닌가?"

거실에 걸려 있는 그림은 바로 〈접목하는 농부〉였어요. 어찌 된 일인지 알고 보니 친구 루소가 밀레의 형편을 알고 일부러 그림을 본인이 비싸게 사준 거였어요. 그 사실을 알게 된 밀레는 친구 루소를 꽉 안았어요.

"자네, 정말 고맙네."

그 후, 둘 사이는 더욱 돈독해졌고 그림도 더 열심히 그려서 밀레는 아주 유명한 화가가 되었답니다.

참다운 우정이란 무엇일까요? 서로를 아끼고 서로의 가치를 존중하는 마음이 아닐까요? 물론 우정을 쌓는 게 쉬운 일은 아니에요. 우정은 우연히 찾아오는 것이 아니라 노력으로 만들어지는 거죠. 친구를 바라보는 따듯한 눈과 나의 것을 기꺼이 줄 수 있는 마음이 필요해요. 친구가 아프면 다가가 따뜻하게 위로해 주고 어려운 일을 겪게 되면 내 일처럼 해결해 주려는 노력도 해야 해요. 그렇게 행동한다면 분명 친구도 여러분의 마음을 헤아릴 것이고 우정은 오래도록 갈 겁니다.

꿈꾸는 말, 이루는 말

친구와 떠나는 여행길은 두렵지 않아.

함께 새로운 길을 탐험하고

서로를 격려하며

힘든 고비를 함께 넘길 수 있으니까.

서로 보듬어 주고 토닥토닥 위로해 줘

남의 잘못을 책망하지 말라. 남이 감추려고 하는 일을 들추지 말라.
남이 예전에 저지른 죄를 생각하지 말라.

- 채근담

'피아노의 왕'이라 불리는 헝가리의 피아니스트 리스트 페렌츠가 여행 중에 작은 시골 마을에 들렀어요. 알록달록 꽃도 있고 크나큰 소나무도 있고 집들 또한 아담하니 예쁜 마을이었죠. 그때 마을 공터에 사람들이 모여 대화하는 소리가 들렸어요.

"내일 밤에 리스트의 제자가 연주회를 연다며?"

"그러게. 분명 아주 멋진 연주회일 거야."

그들의 대화를 들은 리스트는 무척 반가워서 팸플릿을 살펴봤지만 모르는 이름에 고개를 갸웃거렸어요.

'이상하다. 내가 모르는 사람인데…. 이게 어떻게 된 걸까?'

그날 저녁, 한 사람이 리스트를 찾아왔어요. 내일 공연을 하기로 한 피아니스트인 그녀는 리스트를 보자마자 용서를 빌었어요.

"선생님, 정말로 죄송합니다. 선생님의 이름을 빌리지 않으면 제 연주회에 아무도 오지 않을 것 같아 사람들을 속였습니다. 아버지 약값을 벌기 위해 그만 거짓말을 했습니다."

"그렇다고 그런 거짓말을…."

그녀는 울먹이며 계속 말을 이어갔어요.

"제가 선생님의 이름을 더럽혔습니다. 내일 공연은 당장 취소하겠습니다."

리스트는 고개를 내저으며 말했어요.

"이미 예정된 공연을 취소하는 건 관중에게 예의가 아니죠."

"그렇지만 전 선생님의 제자가 아닌데…."

"이리로 와서 내일 연주할 곡을 한번 쳐 보세요."

그녀는 잠시 머뭇거리더니 이내 피아노를 치기 시작했어요.

"잘 치는군요. 그렇지만 완벽하지는 않아요. 이 부분에는 좀 더 강렬하고 열정적으로 치도록 하세요."

리스트의 가르침 덕분에 그녀의 연주는 훨씬 나아졌어요.

"좋습니다. 이제 집에 돌아가서 밤새 연습을 하세요. 그리고 나에게 피아노를 배웠으니 당신도 이제 나의 제자입니다."

그녀는 자신의 실수와 잘못을 너그러이 안아 주는 리스트의 따뜻한 마음에 감동하였어요.

누구나 다 실수를 하고 잘못을 저지를 때가 있어요. 완전하지 못한 게 사람이니까요. 그러니 누군가가 잘못을 했을 때 그 사람이 진정으로 잘못을 인정하고 용서를 빈다면 넓은 마음으로 용서해 주세요. 남을 용서한다는 것은 내 안에 사랑의 씨앗을 뿌리는 일과도 같아요. 그 씨앗이 자라 나무가 되고 열매를 맺힐 때면 여러분은 누군가에게 좋은 사람이 되어 있을 거예요.

꿈꾸는 말, 이루는 말

가슴 시린 친구에게

담요 하나 내줄 수 있는 햇살 같은 마음.

그 마음을 내줬어도

여전히 내 마음도 따뜻하지.

먼저 햇살 같은 미소를 건네 봐

미소! 이것은 아무런 대가를 치르지 않고서도
많은 것을 이루어 냅니다.

– 데일 카네기

한 청년이 섬마을을 떠나 도시로 가기로 마음을 먹었어요. 하지만 그의 아버지는 앞을 보지 못하기 때문에 결정을 내린다는 게 그리 쉬운 일은 아니었어요. 아버지는 아들이 본인 걱정하지 말고 도시로 가길 바랐고, 청년은 도시로 떠날 준비를 했죠. 모든 준비를 끝내고 잠을 자려는데 아버지가 방문을 똑똑똑 두드렸어요.

"들어가도 되겠니?"

"네."

아버지는 큰 거울을 들고 청년의 방으로 들어왔어요. 발끝에서 머리끝까지 다 보이는 아주 큰 거울이었어요.

"아버지, 왜 거울을 가지고 오셨어요?"

"거울 앞에 한번 서 보렴."

청년은 영문도 모른 채 거울 앞에 섰어요.

"그럼, 거울을 보고 환하게 웃어 보아라."

청년은 머리를 긁적이며 환하게 웃었어요.

"이제 얼굴을 찡그려 보아라."

청년은 고개를 갸우뚱거렸어요.

"찡그렸니? 내가 앞을 볼 수 없어 확인할 길이 없구나."

"네. 찡그렸어요."

"어때? 보기 안 좋지?"

청년은 고개를 갸웃거리며 아버지에게 물었어요.

"아버지, 왜 거울 앞에서 표정을 짓게 하셨어요?"

그러자 아버지는 나지막한 목소리로 말했어요.

"도시에 나가거든 반드시 거울을 보듯 생활하길 바란다. 상대방의 행동을 통해 네 자신을 보란 말이다. 상대방이 너에게 불친절하게 대하거든 그에게 화를 내기 전에 너도 누군가에 불친절했는지 먼저 생각해 보렴. 남에게 섭섭한 말을 듣는다면 그 역시 네가 남을 섭섭하게 한 일이 있었다는 것을 깨달아야 한다. 알았지?"

아버지의 말씀을 들은 청년은 고개를 끄덕였어요.

"예. 알겠습니다. 아버지 말씀 꼭 명심할게요."

'가는 말이 고와야 오는 말이 곱다.'라는 속담이 있어요. 이 속담은 우리가 상대방에게 공손하고 친절하게 대해야 그에게서도 같은 대우를 받을 수 있다는 것을 말합니다. 다른 사람에게 좋은 말과 배려를 보이면 그에게서도 같은 대우를 받게 되는 거죠.

친구 사이에서 웃음과 고운 말을 주고받는 것이 중요해요. 좋은 말과 좋은 행동은 서로에게 좋은 영향을 끼치니까요. 만약 친구가 화를 내거나 인상을 찌푸리는 경우, 먼저 그 이유를 이해하고 존중해 보세요. 왜 그랬는지 파악한 후에야 반응을 해도 늦지 않아요.

꿈꾸는 말, 이루는 말

무겁고 어두운 구름 사이로

한 줄기 빛이 쏟아지듯

너의 환한 미소가

세상을 밝게 빛나게 해 줘.

친절은 결국 나에게 선물로 돌아와

당신이 친절한 태도로 남에게 베푼 유쾌함은
머지않아 곧 당신에게 되돌아오며 가끔 이자까지 붙어서 온다.

– 애덤 스미스

"민호야, 오늘 네 생일인데 아빠가 장난감 사줄까?"

"정말요?"

아빠와 민호는 손을 꼭 잡고 장난감 가게로 향했어요.

"와, 로봇이다! 어? 권총도 있네!"

민호는 진열된 장난감을 보고 기뻐했어요.

"가장 맘에 드는 걸로 하나 고르렴."

민호는 잠시 고민에 빠졌어요. 모두 다 마음에 들었거든요.

"저 이 로봇으로 할래요. 이게 가장 좋아요."

아빠는 점원에게 물었어요.

"이거 얼마입니까?"

전화 통화를 하고 있던 점원은 아빠를 힐끔 쳐다보더니 건성으로 대답했어요.

"3만 원이요. 특별히 2만 5천 원에 드릴게요."

아빠는 고개를 내저으며 로봇을 제자리에 내려놓았어요.

아빠와 민호는 다른 가게로 갔어요. 그곳에도 민호가 고른 똑같은 로봇이 있었어요. 아빠는 점원에게 물었어요.

"이거 얼마입니까?"

그러자 점원은 활짝 미소 지으며 상냥한 말투로 말했어요.

"3만 원입니다. 혹시라도 고장 나면 다시 가져오세요. 그럼 새 것으로 바꿔 드리거나 고쳐 드릴게요."

아빠는 고개를 끄덕이며 미소 지었어요. 그리고 지갑에서 돈을 꺼내 구매했죠. 민호는 아빠의 행동이 이해되지 않았어요. 분명 먼저 들렀던 가게에서는 2만 5천 원에 살 수 있었는데 말이죠. 민호는 입술을 내밀며 아빠에게 물었어요.

"아빠, 왜 5천 원을 더 주고 사요?"

그러자 아빠는 민호의 머리를 쓰다듬으며 말했어요.

"이 가게에서 5천 원어치의 친절을 받았으니 결코 손해 본 게 아니야. 친절은 돈보다 더 귀한 거니까."

아빠의 말을 들은 민호도 그제서야 고개를 끄덕였어요.

친절이란 무엇일까요? 우리가 서로에게 보여 주는 따듯한 마음입니다. 배려심을 품고 이해하려는 마음을 갖는 것은 그 사람에 대한 예의이며 존중이죠. 친절은 받는 사람과 베푸는 사람 모두를 기분 좋게 하는 마법 같은 거예요. 또한 친절은 좋은 사람을 사귈 수 있고 내 주위를 긍정으로 바꾸는 열쇠이기도 하죠.

친절은 돈이나 큰 노력이 필요한 것도 아니에요. 먼저 웃고 인사하고 또 다정하게 말을 건네면 됩니다. 친절은 메아리와도 같아서 내가 먼저 베풀면 반드시 귀한 선물로 다시 되돌아온답니다.

꿈꾸는 말, 이루는 말

친절한 말 한마디에 나의 하루가 즐거워져.

반대로 말하면 나의 친절한 말 한마디가

타인의 마음을 행복하게

만들 수도 있다는 거야.

사랑한다면 먼저 용기 내어 말해 봐

더 많이 사랑하는 것 외에
사랑의 다른 치료제는 없다.

– 헨리 데이비드 소로우

젊은 시절의 루스벨트는 유망한 청년이었어요. 공부를 열심히 해서 지식이 많고 큰 꿈을 가지고 있었지요. 그는 늘 사람들 앞에서 당당했고 자신감이 넘쳐 났어요.

"나는 위대한 지도자가 될 거야."

그런 루스벨트에게도 사랑이 찾아왔어요. 바로 엘리너라는 여인이었죠. 루스벨트는 그녀를 처음 보자마자 사랑에 빠졌고, 그 사랑은 눈덩이처럼 커지고 바다처럼 깊어졌어요. 그녀를 생각하는 것만으로도 너무나 행복했죠. 그런데 그 행복은 그리 오래가지 못했어요.

"어, 내 다리가 말을 듣지 않아…!"

그는 뜻하지 않은 사고로 다리를 다쳤고, 제대로 걸을 수가 없어 휠체어에 몸을 맡길 수밖에 없었어요. 거울 속에 비친 자신의 모습이 너무나 초라해 보였고, 평생 휠체어를 타고 어떻게 살아갈지 막막하기도 했어요. 더욱이 이제 막 시작된 사랑을 계속 이어갈 수 있을지 걱정되어 그는 눈물만 쏟아 냈죠.

'이제, 다 끝났어. 내 인생도, 내 사랑도 다 끝이야.'

그렇게 절망적인 나날을 보내던 어느 날, 창 밖으로 작은 꽃 하나를 발견하게 되었어요. 그 꽃은 혹독한 겨울을 이겨 낸 꽃이었어요.

"그래, 이 모습 그대로 당당해지자. 용기 있는 자가 사랑을 얻는 거야."

다음 날 루스벨트는 엘리너를 찾아갔어요.

"이제 나는 다리가 불편한 사람입니다. 하지만 여전히 당신을 사랑합니다. 이런 나를 사랑할 수 있겠나요?"

루스벨트는 떨리는 마음으로 엘리너의 대답을 기다렸어요. 잠시 뒤, 엘리너가 입을 열었어요.

"물론이죠. 나는 완전한 몸의 당신을 사랑한 게 아니라 당신 그 자체를 사랑하는 거예요."

마침내 둘은 결혼을 하게 되었어요. 그리고 루스벨트는 미국 대통령을 4번이나 역임하며 자신의 꿈인 위대한 지도자 또한 될 수 있었죠. 자신의 부족함에 좌절하지 않고 용기를 낸 것이 결국 그를 위대한 사람으로 만든 거예요.

이 일화는 우리가 용기 내어 다른 사람들을 사랑하고 배려하는 것이 얼마나 중요한지 보여 줍니다. 때로는 우리가 용기를 내어 다가가고 사랑을 나누면 예상하지 못한 기쁨과 행복을 경험할 수 있어요.

사랑은 누구에게나 찾아오기 마련이죠. 머지않아 여러분에게도 사랑이 찾아올 거예요. 설령, 자신의 모습이 보잘것없고 초라하더라도 너무 움츠러들지 마세요. 사랑하는 그 진심은 그 어떤 것보다도 강력하고 위대하니까요.

꿈꾸는 말, 이루는 말

사랑을 고백하는 순간,

한 송이 꽃이 피어날 거야.

그동안 숨겨 왔던 감정들이

드디어 세상 밖으로 나올 때 얼마나 아름다울까.

5장

꿈은 온 세상을
아름답게 해

새끼손가락 걸고 우리 약속해

아무리 보잘것없는 것이라 하더라도
한번 약속한 일은 정확하게 지켜야 한다.

– 앤드루 카네기

일제 강점기 시절, 나라의 독립을 위해 애썼던 안창호는 일본군의 눈에 띄지 않기 위해서 거처를 옮겨 다녔어요. 그러던 어느 날, 나갈 채비를 한 안창호를 발견한 동지들이 그 앞을 가로막고 물었어요.

"안창호 선생, 지금 어디 가려는 겁니까? 밖에 일본군이 깔려 있습니다. 그들에게 잡히면 목숨을 잃을 수도 있습니다."

안창호는 태연한 표정을 지으며 말했어요.

"괜찮습니다. 비켜 주시죠. 지금 꼭 가야 할 곳이 있습니다."

"지금은 너무 위험합니다. 도대체 어딜 가시려고 합니까?"

"친한 친구의 딸 생일입니다. 그래서 그 집에 가려고 합니다."

그 말을 들은 동지들은 그저 기가 막혔어요. 지금 일본군은 안창호를 잡으려고 눈에 불을 켜고 있기 때문이지요.

"지금 그걸 말이라고 합니까? 일본군에게 잡히면 목숨을 잃는단 말입니다. 그깟 생일이 중요합니까!"

그러자 안창호는 고개를 내저으며 대답했어요.

"난 가야 합니다. 그 꼬마와 약속을 했거든요. 내가 약속을 어기면 그 꼬마가 얼마나 실망하겠습니까. 이런 사소한 약속 하나 지키지 못하는 사람이 어떻게 큰일을 하겠습니까."

동지들도 안창호의 고집을 꺾을 수는 없었어요. 결국 안창호는 친구 딸과의 약속을 지키기 위해 친구의 집에 갔죠.

또 하나의 이야기가 있어요. 독일의 역사학자인 랑케의 이야기입니다. 어느 밤, 그가 집 근처 공원으로 산책을 나갔다가 길에서 울고 있는 소년을 발견했어요. 우유 배달부인 그 소년은 실수로 우유병을 깨뜨려서 괴로웠던 거죠.

"울지 마렴. 내가 너 대신 배상을 해주마. 그런데 당장은 내가 돈이 없으니 내일 이 시간에 이곳에서 다시 만나자."

랑케의 따뜻한 사랑에 소년은 연신 고개를 숙이며 감사함을 표시했어요. 집으로 돌아온 랑케는 한 후원자의 편지를 받았어요. 역사학 연구비로 거액의 후원금을 주겠으니 내일 당장 만나자는 내용이었죠. 랑케는 무척 기뻤지만 그 순간 소년과의 약속이 떠올랐어요. 앞선 약속이 더 소중했던 랑케는 망설임 없이 편지를 썼어요.

"당신의 제의는 너무나 고마운 일인데 저는 그 시간에 이미 약속이 있어서 당신과 만날 수가 없습니다. 죄송합니다."

이 세상에 하찮은 약속이 있을까요? 모든 약속은 마음과 마음을 잇는 끈과 같아요. 만약 한쪽에서 일방적으로 그 끈을 끊는다면 신뢰는 무너지는 거예요. 일단 약속을 했다면 반드시 지키려고 노력해야 한답니다.

꿈꾸는 말, 이루는 말

약속은 가벼운 솜털이 아니라

너와 나를 연결하는 단단한 끈이야.

매서운 바람에도 흔들리지 않는 믿음으로

반드시 지키려고 노력해야 해.

- -

- -

- -

- -

사랑을 줄수록 아름다운 사람이 돼

중요한 것은 사랑을 받는 게 아니라
사랑을 하는 것이다.

- 윌리엄 서머셋 몸

아프리카 봉사 활동에 평생을 바치고 있는 슈바이처 박사에게 어느 날 한 청년이 찾아왔어요.

"선생님, 저도 선생님처럼 훌륭한 일을 하고 싶습니다."

박사는 의욕 넘치는 그를 보고 미소 지으며 말했어요.

"그렇게 하게. 그러나 쉬운 일이 아니니 신중히 생각하게."

"신중히 생각했습니다. 꼭 선생님 곁에서 같이 봉사 활동을 하고 싶습니다."

"그럼 지금 나 좀 도와줄 수 있겠나?"

"물론입니다."

"땔감 좀 해오게. 그리고 물도 길러 오고 청소도 부탁하네."

청년은 온 힘을 다해 열심히 일했어요. 하지만 서서히 짜증이 나기 시작했죠. 청년은 박사에게 따지듯 물었어요.

"박사님, 저는 박사님처럼 환자들을 치료하는 훌륭한 일을 하러 왔습니다. 이렇게 청소나 하려고 온 것이 아닙니다."

박사는 고개를 내저으며 대답했어요.

"봉사에는 크고 작은 일이 없다네. 작은 일에도 최선을 다하게."

며칠이 지났어요. 슈바이처 박사는 청년에게 여전히 같은 일만 시켰어요. 그러자 청년은 급기야 화를 내며 말했어요.

"제가 아프리카까지 온 이유는 보람 있는 일을 하고 싶어서입니다. 그런데 계속 하찮은 일만 시키시면 어떡합니까?"

그 말을 들은 박사는 나지막한 목소리로 말했어요.

"작은 봉사가 모여 큰 사랑이 되는 겁니다. 중요한 것은 봉사하는 마음이지요. 당신에게는 그 마음이 없는 것 같네요."

결국 슈바이처 박사는 청년을 쫓아내고 말았어요.

남을 돕는 데 꼭 필요한 게 무엇일까요? 돈? 시간? 물론 그런 것들도 필요하겠지만 가장 중요한 건 함께하는 마음입니다. 봉사는 거창한 게 아니에요. 망설일 필요 없이 하고자 하는 마음과 그 마음을 이루는 실천만 있으면 됩니다.

우리 주위를 둘러보면 힘들게 살아가는 사람들이 많아요. 그런 사람들에게 먼저 다가가 공손하게 인사하고 다정하게 이런저런 이야기를 나눠 보아요.

사람의 마음 안에는 두 가지의 사랑이 있어요. 하나는 받는 사랑이고 나머지 하나는 주는 사랑이죠. 여러분의 마음 안에는 받는 사랑보다 주는 사랑이 더 많았으면 좋겠어요. 주는 사랑이 많으면 많을수록 우리는 더 아름다운 사람이 될 테니까요.

꿈꾸는 말, 이루는 말

사랑을 자꾸 퍼준다고 해서

손해 보는 게 아니야.

오히려 이자가 쌓여서 더 크게 내게 돌아오지.

사랑은 행복한 저축이야.

소중한 사람에게 사랑한다고 말해 줘

인생의 최고의 행복은
사랑받고 있다는 확신이다.

– 빅토르 위고

영국 빅토리아 여왕 때, 앨리스 공주가 있었는데 그 공주에게 네 살 된 아들이 있었죠. 그런데 그 아들에게 큰 병이 생겼어요. 공주는 아들을 살리기 위해 유명한 의사를 불러서 부탁했어요.

"제발 제 아들 좀 살려 주세요. 그러면 아주 큰돈을 당신께 드리겠습니다. 부탁드립니다."

진찰을 마친 의사의 얼굴에는 먹구름이 가득했어요.

"말씀드리기 송구스럽지만, 아드님은 전염병에 걸렸습니다. 그러니 가까이 가시면 안 됩니다. 자칫하면 공주님께서도 병에 걸릴지 모릅니다."

의사의 말을 들은 공주의 마음이 무너져 내렸어요. 사랑하는 아들이 아픈 것도 마음 아픈데 이제는 가까이 갈 수도 없다는 사실을 받아들이기 힘들었어요. 어쩔 수 없이 공주와 아들은 떨어져 다른 방에서 지내게 되었지요. 공주는 아파하는 아들을 그저 멀리서 바라보며 괴로워했어요.

"사랑하는 내 아들아, 조금만 참아다오. 분명히 넌 건강해질 거야."

공주의 바람과는 달리 아들의 병은 점점 깊어만 갔어요. 아들도 공주를 볼 때마다 손짓하며 외쳤어요.

"엄마, 나 좀 안아 주세요. 나 좀 안아 주세요."

아들의 눈빛에 공주의 마음이 무너져 내렸어요. 공주는 아들을 단한 번이라도 안아 주고 싶었지만 의사의 말을 떠올리지 않을 수가 없었어요.

며칠이 지나도 아들은 여전히 손짓하며 안아 달라고 외쳤어요. 더 이상 참을 수 없었던 공주는 신하들의 만류에도 불구하고 사랑하는 아들 곁으로 다가갔어요. 그리고 아들에게 입맞춤을 해 주었어요.

"사랑하는 내 아들아, 미안하다. 엄마는 널 아주 사랑한단다. 널 위해서라면 내 목숨 또한 아깝지 않아."

자신이 죽을 줄 알면서도 아들에게 입맞춤을 한 엄마. 자식을 향한 부모님의 사랑은 정말 위대합니다. 하늘과 같이 그 끝을 가늠할 수 없을 정도로 높고, 바다와 같이 가늠할 수 없을 정도로 깊고 아름답죠. 그리고 언제나 따뜻한 품으로 나의 마음을 안아 주는 이불과도 같답니다.

오늘 엄마 아빠의 손을 잡고 활짝 웃어 주세요. 그들의 품에 안겨 사랑한다는 말을 전해 보세요. 그 어느 때보다 행복해하시는 모습을 볼 수 있을 거예요.

꿈꾸는 말, 이루는 말

가까운 사람이라도 함부로 대하면 안 돼.

익숙하다고 쉽게 봐서는 안 돼.

가깝고 익숙한 사람이

정말 소중한 사람이야.

누구를 대하든
겸손하게 대하는 것이 중요해

모든 덕이 하늘에 오르는 사다리인데 겸손이 그 첫 번째 계단이다.
이 첫 번째 계단에 오르면 그다음에는 위로 올라가기 쉬운 것이다.

– 성 어거스틴

뒤뜰에 장미와 소나무가 있었어요. 그런데 그 둘은 사이가 그리 좋지 않았어요. 그 이유는 겸손함이 없는 장미 때문이었죠.

"이 세상에 나처럼 아름다운 꽃이 있으면 나와 보라고 해. 꽃이라면 나 정도는 되어야지. 호박꽃은 꽃도 아니야. 그런 모양으로 어떻게 이 세상을 살 수 있을까? 그렇지 않니?"

소나무는 마지못해 고개를 끄덕였어요. 그런데 장미는 거기서 그치지 않고 이번에는 소나무에게 못된 말을 했어요.

"소나무야, 너는 키만 길쭉하게 커가지고 생긴 건 왜 그 모양이니? 어휴, 저 뾰족뾰족한 잎 좀 봐. 네가 나무지 무슨 고슴도치라도 되니? 내가 너랑 같은 곳에 있다니 너무 슬프다."

장미의 말을 들은 소나무는 기분이 나빴어요. 하지만 뭐라고 딱히 말하진 않았어요. 하나밖에 없는 친구니까요.

며칠 후, 하늘에 먹구름이 몰려오더니 갑자기 장대비가 쏟아지고 강한 바람까지 불기 시작했어요. 갑작스런 폭풍우에 장미는 안절부절못했어요. 소나무는 다정한 말투로 장미에게 말했어요.

"장미야, 바람이 세차다. 내 뒤로 와. 그럼 안전할 거야."

장미는 콧대를 높이 세우더니 날카롭게 말했어요.

"흥! 괜찮아. 이 정도 바람은 끄떡없어."

하지만 시간이 지날수록 바람이 더욱 강해졌어요. 세찬 비바람 때문에 장미는 더 이상 견딜 수가 없었어요. 꽃잎은 갈기갈기 찢겨 사방으로 흩어지고 가지는 부러지고 말았어요.

폭풍우는 다음 날 아침이 되어서야 겨우 멈췄어요. 멀쩡한 소나무와 달리 장미의 모습은 흉하게 변하고 말았죠. 소나무는 그런 장미를 안아 주었어요. 그제서야 장미는 울먹거리며 말했어요.

"나 잘난 맛에 멋대로 살다가 결국 이렇게 됐네. 그동안 내가 겸손하지 못했어."

남보다 가진 게 많고 잘났다고 너무 우쭐대거나 자랑하지 마세요. 거만한 행동도 함부로 보이지 말아야 해요. 벼는 익을수록 고개를 숙인다는 말처럼 겸손함을 지녀야 해요. 겸손은 자기를 낮추고 다른 이들을 존중하는 태도입니다. 인간관계에서 중요한 역할을 하죠. 특히 어느 집단을 이끄는 리더에게는 정말 중요한 덕목이에요. 겸손한 지도자는 자신의 권력을 남용하지 않고 동료들의 의견을 존중하고 협력하여 목표를 달성합니다. 이처럼 겸손은 결국 나를 위한 일이기도 해요. 남을 위로 올려 주고 나 자신을 낮춰 보세요. 결과적으로 오히려 올라가는 기분을 느낄 수 있을 거예요.

꿈꾸는 말, 이루는 말

겸손은 시소와 같아.

내가 낮아질수록

오히려 세상 사람들은 나를 높여 주지.

결국 겸손은 나를 위한 일이야.

실수해도 너그럽고 따뜻하게 감싸 줘

평화는 외부에서 오는 것이 아니라,
자신의 내면에서 오는 것이다.

– 달라이 라마

광활한 사막 한가운데에 교회 하나가 있었어요. 그 교회에는 지혜로운 목사가 있었지요. 많은 사람들이 목사를 만나 가르침을 얻기 위해 긴 여행을 마다하지 않고 교회에 찾아 왔어요. 한 젊은 여인은 자신의 차례가 되자 기쁜 마음으로 목사 곁으로 다가갔어요.

"무슨 일로 저를 찾아왔습니까?"

목사의 말에 여인이 대답하려는 순간 방귀가 나오고 말았어요. 그 소리가 어찌나 컸던지 밖에서 기다리던 사람들에게도 다 들릴 정도였어요. 여인은 얼굴이 빨개져서 고개를 들지 못했어요. 그때 목사는 귀를 만지작거리며 말했어요.

"뭐라고 하셨습니까?"

여인은 여전히 빨간 얼굴로 차마 입을 열지 못했지요. 그러자 목사는 귀를 만지작거리며 다시 말했어요.

"죄송합니다. 저는 오래전부터 귀가 어두워서 제대로 알아듣지 못합니다. 그러니 큰 목소리로 말해 주십시오."

순간, 여인의 얼굴이 밝아졌어요. 목사의 귀가 어두워서 자신이 뀐 방귀 소리를 듣지 못했다고 생각한 거죠. 그 후 여인은 큰 목소리로 목사에게 하고 싶은 말을 모두 쏟아 냈어요. 여인의 말을 다 들은 목사는 여인에게 진심 어린 조언을 해 줬어요. 여인은 연신 고개를 숙이며 목사에게 감사 표시를 했어요.

"목사님, 좋은 말씀 감사합니다. 덕분에 큰 힘이 되었습니다."

여인은 정중히 인사를 하고 교회에서 나왔어요. 그리고 그 이후에도 힘들 때마다 수시로 교회를 찾아가 목사와 상담을 했죠. 그때마다 목사는 여전히 귀가 어두운 사람의 행세를 했어요. 그 여인을 배려하는 차원에서 무려 17년간 말이에요.

우리는 인간이기 때문에 모두가 실수할 수 있어요. 이순신 장군도 실수를 했고 에디슨도 실수를 했고 또 엄마 아빠도 실수를 해요. 그렇기 때문에 실수에 대한 비난과 조롱보다는 포용으로 상대를 감싸주는 게 좋아요. 다른 사람들의 실수를 받아들이고 포용함으로써 우리는 서로에 대한 이해와 사랑을 나타낼 수 있죠.

그리고 더불어 포용은 우리 자신의 실수를 받아들이는 것으로도 이어집니다. 자신을 받아들이고 용서하는 것은 자기 존중과 자기 성장에 중요한 역할을 해요. 우리는 완벽하지 않아요. 하지만 더 나은 사람으로 성장할 가능성은 무궁무진하죠.

꿈꾸는 말, 이루는 말

누구나 완벽하지 않아.

서로를 감싸 줘야 해.

서로의 온기를 나누며 서로를 보완해 주면

우리는 조금 더 좋은 관계가 돼.

자신의 꿈을 찾고 싶은 어린이를 위한 말 연습
꿈꾸는 말 이루는 말 빛나는 말

초판 1쇄 발행 2025년 3월 10일
초판 2쇄 발행 2025년 4월 18일

글쓴이 김현태
그린이 소소하이
펴낸이 민혜영
펴낸곳 데이스타
주소 서울특별시 마포구 월드컵로14길 56, 3~5층
전화 02-303-5580 | **팩스** 02-2179-8768
홈페이지 www.cassiopeiabook.com | **전자우편** editor@cassiopeiabook.com
출판등록 2012년 12월 27일 제2014-000277호

ⓒ김현태·소소하이, 2025
ISBN 979-11-6827-271-2 73700

이 책은 저작권법에 따라 보호받는 저작물이므로 무단 전재와 무단 복제를 금지하며, 이 책의 전부 또는 일부를 이용하려면 반드시 저작권자와 (주)카시오페아 출판사의 서면 동의를 받아야 합니다.

- 데이스타는 (주)카시오페아 출판사의 어린이·청소년 브랜드입니다.
- 잘못된 책은 구입하신 곳에서 바꿔 드립니다.
- 책값은 뒤표지에 있습니다.